Manuela und Joëlle
Herzfeld

OFENGLÜCK

33 KÖSTLICHE AUFLÄUFE

LEMPERTZ

HALLO IHR LIEBEN,

gemeinsam genießen, dabei tolle Gespräche führen und vom Alltag abschalten – das sind für uns unendlich kostbare Momente!

Doch besonders an stressigen Tagen kommt häufig genau das zu kurz. Das muss nicht sein, denn gegen Zeitmangel gibt es das perfekte Rezept: Aufläufe! Sie sind so vielfältig und lassen sich wunderbar vorbereiten, sodass weder Stress in der Küche noch Langeweile auf dem Tisch aufkommen. Denn während der Ofen die meiste Arbeit erledigt, könnt Ihr Euch schon mal entspannen und aufs Essen freuen. Spätestens, wenn sich die Familie nach einem ereignisreichen Arbeitstag um den Esstisch versammelt – in der Mitte eine dampfende Auflaufform befüllt mit Euren Lieblingszutaten – sind alle Alltagssorgen vergessen!

In diesem Buch haben wir für Euch unsere Lieblingsaufläufe zusammengestellt. Ob mit Kartoffeln, Nudeln, Fleisch oder Gemüse, in traditionell oder ausgefallen – diese Rezepte sorgen für eine genussvolle Auszeit. Denn wir finden, dass ein perfektes Dinner kein aufwendig gekochtes Menü sein muss. Vielmehr machen es gute Zutaten und die gemeinsame Zeit so wertvoll. Kochen kann herrlich entspannend sein: dazu einfach einatmen, ausatmen und dem Käse beim Schmelzen zugucken.

Wir wünschen Euch viel Spaß beim Mixen und Genießen!

EURE
MANU & JOËLLE

INHALT

Bologneser Gratin 8
Cannelloni mit Spinat 10
Easy-Peasy-Nudelauflauf 12
Italienischer Nudelauflauf 14
Tortellini-Auflauf mit Chorizo 16
Lasagne Bolognese 18
Ofen-Makkaroni-Auflauf 20
One-Pot-Nudelauflauf 22
Rigatoni al forno 24
Lasagne mal anders mit Parmesan-Panko-Kruste 26
Nudel-Schinken-Auflauf 28
Leberkäse-Spinat-Lasagne mit Spiegelei 32
Million-Dollar-Spaghetti-Auflauf 34
Ofentortellini 36
Kartoffel-Kohlrabi-Auflauf 38
Ofenfrittata mit Spinat, Tomaten und Ricotta 40
Süßkartoffel-Auflauf 42
Rösti-Auflauf mit Spiegelei 44
Gnocchi-Auflauf 46
Hack-Pfannkuchen überbacken 48
Hackbällchen-Spinat-Auflauf 50

Rosenkohlauflauf mit Hackfleisch 52
Hähnchen-Champignon-Auflauf 56
Hot-Dog-Auflauf 58
Nacho-Auflauf 62
Nachos selbst gemacht 63
Pizza Chicken 64
Rosenkohl-Kassler-Auflauf 66
Rouladen-Auflauf 68
Tomaten-Mozzarella-Auflauf 70
Tomaten-Mascarpone-Nudelauflauf 72
Puten-Erbsen-Auflauf 74
Kartoffel-Lauch-Auflauf 76
Spargel-Kartoffel-Auflauf 78

Alphabetisches Verzeichnis 80

Abkürzungen:

Bd. = Bund
EL = Esslöffel
TL = Teelöffel
g = Gramm
geh. = gehäuft
gem. = gemahlen
gestr. = gestrichen
getr. = getrocknet
ger. = gerieben
kl. = klein
TK = tiefgekühlt
fr. = frisch
tr. = trocken
Spr. = Spritzer
dkl. = dunkel
Wf. = Würfel
Stg. = Stange
festk. = festkochend

GOOD
Food
IS
GOOD
Mood

One-Pot-Nudelauflauf
Seite 22

Bologneser Gratin

4–6 Portionen

45 Minuten

Zutaten:

500 g Rinderhackfleisch
350 g Pasta nach Wahl
1 Zwiebel
1–2 Knoblauchzehen
20 g Olivenöl
100 g Tomatenmark
650 g Wasser
1 EL Gemüsebrühpulver
200 g Sahne
30 g ger. Parmesan
1 TL Salz
1/4 TL Pfeffer
1 TL Oregano, getr.
1 TL Paprikapulver, rosenscharf
1/2 TL Zucker
1 Prise Chiliflocken
1 EL Speisestärke, in etwas Wasser angerührt
200 g ger. Gouda

außerdem:

Öl zum Anbraten

1. Den Backofen auf 180°C Umluft oder 200°C Ober-/Unterhitze vorheizen. Eine Auflaufform fetten.

2. Das Hackfleisch in einer Pfanne mit Öl anbraten, mit den ungekochten Nudeln in die vorbereitete Auflaufform geben und mischen.

3. Zwiebelhälften und Knoblauchzehe in den Mixtopf geben, ***5 Sekunden | Stufe 5*** zerkleinern. Mit dem Spatel alles vom Rand nach unten schieben.

4. Olivenöl und Tomatenmark dazugeben, ***3 Minuten | 120°C | Stufe 1*** dünsten.

5. Wasser, Gemüsebrühpulver, Sahne, Parmesan, Salz, Pfeffer, Oregano, Paprikapulver, Zucker, Chiliflocken und angerührte Speisestärke dazugeben, ***6 Minuten | 100°C | Stufe 2*** kochen.

6. Die Sauce über die Nudel-Hackmischung gießen und alles gut vermengen.

7. Gouda darüberstreuen und im heißen Backofen ca. 30 Minuten backen.

Cannelloni mit Spinat

4 Portionen 60 Minuten

Zutaten:
3 getr. Tomaten
1 Zwiebel
2 Knoblauchzehen
30 g Olivenöl
400 g stückige Dosentomaten
250 g Kochsahne, 15 % Fett
1/2 TL Salz
1/2 TL Pfeffer
1 Prise Zucker
800 g TK-Blattspinat, aufgetaut
300 g französischer Kräuterfrischkäse, z.B. Bresso®
1 geh. TL Crème fraîche
1/2 TL Muskat, ger.
1/2 TL Oregano, getr.
1/2 TL Basilikum, getr.
100 g Pinienkerne
20 Cannelloni-Röhren, ungekocht
150 g ger. Gouda

1. Den Backofen auf 180°C Umluft vorheizen. Eine Auflaufform (ca. 25 x 34 cm) fetten.

2. Getrocknete Tomaten in den Mixtopf geben, ***5 Sekunden | Stufe 8*** zerkleinern. Die Reste mit dem Spatel nach unten schieben.

3. Zwiebelhälften und Knoblauchzehen in den Mixtopf dazugeben, ***5 Sekunden | Stufe 5*** zerkleinern. Mit dem Spatel alles vom Rand nach unten schieben.

4. Olivenöl dazugeben, ***3 Minuten | 120°C | Stufe 1*** dünsten.

5. Dosentomaten, Sahne, Salz, Pfeffer und Zucker hinzugeben, ***5 Minuten | 100°C | Stufe 1*** kochen und umfüllen.

6. Aufgetauten und gut ausgedrückten Spinat, Frischkäse, Crème fraîche, Muskat, Oregano, Basilikum und Pinienkerne in den Mixtopf geben, ***25 Sekunden | Stufe 4*** mischen.

7. Spinatmasse in einen Spritzbeutel füllen und in die ungekochten Cannelloni spritzen.

8. Die Cannelloni in die vorbereitete Auflaufform füllen und mit der Tomaten-Sahnesauce übergießen, mit geriebenem Gouda bestreuen.

9. Auflaufform mit Alufolie abdecken und 15 Minuten backen. Folie abnehmen und weitere 15 Minuten goldbraun überbacken.

EASY-PEASY-NUDELAUFLAUF

4–6 Portionen

40 Minuten

Zutaten:

500 g Pasta nach Wahl
25 g Paniermehl
200 g ger. Käse nach Wahl
1/2 TL Thymian, getr.
300 g Schmand
375 g Buttermilch
Salz und Pfeffer
Muskat, ger.

1. Den Backofen auf 200°C Ober-/Unterhitze vorheizen. Eine Auflaufform fetten.

2. Nudeln nach Packungsangabe bissfest auf dem Herd kochen, abseihen und in die vorbereitete Auflaufform geben.

3. Paniermehl, 50 g vom Käse und Thymian in einer kleinen Schüssel mischen.

4. Schmand, Buttermilch und restlichen Käse (150 g) in den Mixtopf geben, ***5 Sekunden | Stufe 4*** mischen, anschließend ***7 Minuten | 80°C | Stufe 1*** erwärmen und mit Salz, Pfeffer und Muskat kräftig abschmecken.

5. Sauce über die Nudeln gießen, mit dem Käse-Paniermehl-Mix bestreuen und im heißen Ofen ca. 20 Minuten goldbraun überbacken.

Dazu schmeckt ein grüner Salat ganz fantastisch. Hier könnt Ihr ganz prima gekochte Nudeln vom Vortag verwerten.
Schmand kann durch Crème fraîche ersetzt werden.

Italienischer Nudelauflauf

4–6 Portionen 60 Minuten

Zutaten:
300 g Fusilli
400 g Rinderhackfleisch
Salz und Pfeffer
100 ml Rotwein, tr.
1 rote Zwiebel
1 Knoblauchzehe
20 g Olivenöl
je 1/2 Paprika rot und gelb, in Streifen geschnitten
400 g passierte Tomaten
20 g Tomatenmark
100 g Kochsahne, 15 % Fett
1 TL Gemüsebrühpulver
1 TL Salz
1 Prise Cayennepfeffer
1/2 TL Rosmarin, getr.
1/2 TL Oregano, getr.
1/2 TL Basilikum, getr.
1 TL Paprikapulver, edelsüß
1 Dose Kidneybohnen, Abtropfgewicht ca. 250 g
150 g ger. Mozzarella
50 g ger. Parmesan

außerdem:
Öl zum Anbraten

1. Den Backofen auf 180°C Ober-/Unterhitze vorheizen. Eine Auflaufform fetten.
2. Nudeln nach Packungsangabe auf dem Herd bissfest kochen und abseihen.
3. Rinderhackfleisch in einer Pfanne mit Öl krümelig braten. Mit Salz und Pfeffer würzen, mit Rotwein ablöschen und einkochen lassen. Beiseitestellen.
4. Zwiebelhälften und Knoblauchzehe in den Mixtopf geben. ***5 Sekunden | Stufe 5*** zerkleinern. Mit dem Spatel alles vom Rand nach unten schieben.
5. Olivenöl dazugeben, ***3 Minuten | 120°C | Stufe 1*** dünsten.
6. Paprika dazugeben, weitere ***2 Minuten | 120°C | Linkslauf | Stufe 1*** dünsten.
7. Passierte Tomaten, Tomatenmark, Kochsahne, Gemüsebrühpulver, Salz, Cayennepfeffer, Kräuter, Paprika und abgetropfte Bohnen dazugeben, ***5 Minuten | 100°C | Linkslauf | Sanftrührstufe*** kochen.
8. In die vorbereitete Auflaufform zunächst etwas Tomatensauce, anschließend jeweils die Hälfte von Nudeln und Hackfleisch schichten. Die Hälfte von Mozzarella und Parmesan darüber verteilen.
9. Das Ganze in umgekehrter Reihenfolge wiederholen, dabei mit Tomatensauce abschließen.
10. Den Auflauf mit dem restlichen Käse bestreuen und auf der mittleren Schiene 25–30 Minuten überbacken.

Tortellini-Auflauf mit Chorizo

4 Portionen

45 Minuten

Zutaten:

500 g fr. Käse-Tortellini aus der Kühltheke
1 rote Zwiebel
20 g Olivenöl
150 g Chorizo-Wurst, in Wf. geschnitten
800 g Dosentomaten
200 g TK-Erbsen
1 TL Basilikum, getr.
1 TL Oregano, getr.
Salz und Pfeffer
150 g ger. Käse nach Wahl

außerdem:

fr. Basilikumblätter zum Bestreuen

1. Den Backofen auf 200°C Umluft vorheizen. Eine Auflaufform fetten und die Tortellini hineingeben.
2. Zwiebelhälften in den Mixtopf geben, ***5 Sekunden | Stufe 5*** zerkleinern. Mit dem Spatel vom Rand nach unten schieben.
3. Olivenöl und Chorizo zugeben, ***5 Minuten | 120°C | Linkslauf | Stufe 1*** dünsten.
4. Dosentomaten, Erbsen, Basilikum und Oregano zugeben, ***10 Minuten | 100°C | Linkslauf | Stufe 1*** kochen.
5. Sauce mit Salz und Pfeffer abschmecken und über die Tortellini geben.
6. Mit Käse bestreuen und im heißen Ofen 15–20 Minuten überbacken.
7. Tortellini-Auflauf mit frischen Basilikumblättern bestreut servieren.

LASAGNE BOLOGNESE

4–6 Portionen 70 Minuten

Zutaten:
500 g Rinderhackfleisch
1 rote Zwiebel
2 Knoblauchzehen
2 Möhren, in Stücken
1 rote Paprika, in Stücken
2 EL Olivenöl, ca. 20 g
2 EL Tomatenmark, ca. 50 g
400 g Dosentomaten
30 g Rotwein
1 TL Fleischpaste (selbst gemacht) oder 1 Rinderbrühwürfel
1 TL Salz
1 TL Oregano, getr.
2 EL Petersilie, gehackt

Béchamelsauce:
50 g Butter
70 g Mehl
600 g Milch
10 g Salz
1 Prise Pfeffer
1 gute Prise Muskat
1 Spr. Zitronensaft

außerdem:
Öl zum Anbraten
Salz und Pfeffer
9 Lasagneplatten, ohne Vorkochen
150 g ger. Käse, nach Wahl

1. Hackfleisch in einer Pfanne mit Öl anbraten, mit Salz und Pfeffer würzen und zur Seite stellen.

2. Zwiebelhälften, Knoblauch, Möhren und Paprika in den Mixtopf geben, ***8 Sekunden | Stufe 5*** zerkleinern.

3. Mit dem Spatel alles vom Rand nach unten schieben.

4. Öl und Tomatenmark hinzufügen, ***3 Minuten | 120°C | Stufe 1*** dünsten.

5. Dosentomaten, Rotwein, Fleischpaste, Salz, Oregano und Petersilie hinzufügen, ***20 Minuten | 100°C | Stufe 2*** kochen.

6. Den Backofen auf 200°C Ober-/Unterhitze vorheizen. Eine Auflaufform (ca. 20 × 30 cm) fetten.

7. Das angebratene Hackfleisch hinzugeben, weitere ***2 Minuten | 100°C | Linkslauf | Stufe 2*** unterrühren und umfüllen.

8. Mixtopf spülen.

Béchamelsauce:

9. Butter in den Mixtopf geben, ***2 Minuten | 100°C | Stufe 1*** schmelzen.

10. Mehl zugeben, ***1 Minute | 100°C | Stufe 1*** anschwitzen.

11. Milch, Salz, Pfeffer, Muskat und Zitronensaft hinzufügen, ***10 Sekunden | Stufe 5*** verrühren, anschließend ***8 Minuten | 100°C | Stufe 2*** erhitzen.

12. Zuerst eine dünne Lage Bolognesesauce in die Auflaufform geben.

13. Eine Lage Lasagneplatten darauflegen, mit einer weiteren dünnen Lage Bolognesesauce bedecken und etwas Béchamelsauce darüber verteilen. Diese Schichten wiederholen, bis alle Zutaten verbraucht sind. Die letzte Lage sollte Béchamelsauce sein.

14. Käse darüber streuen und im heißen Ofen ca. 30 Minuten goldbraun backen.

15. Aus dem Ofen nehmen, 5 Minuten ruhen lassen und servieren.

OFEN-MAKKARONI-AUFLAUF

4–6 Portionen   60 Minuten

Zutaten:
500 g Makkaroni
300 g Cherrytomaten, halbiert
1 Kugel Mozzarella, 125 g, zerzupft
500 g Rinderhackfleisch
Salz und Pfeffer
1 Zwiebel
1 Knoblauchzehe
20 g Olivenöl
2 EL Tomatenmark, ca. 45 g
500 g Wasser
1 EL Gemüsebrühpulver
1 kl. Handvoll Basilikum
3 Stiele Oregano
1 gestr. TL Salz
1/4 TL Pfeffer
250 g passierte Tomaten
150 g Kochsahne, 15 % Fett
100 g Crème légère
100 g ger. Gouda

außerdem:
Öl zum Anbraten
Petersilie, gehackt

1. Den Backofen auf 180°C Ober-/Unterhitze vorheizen. Eine Auflaufform fetten, die ungekochten Makkaroni, Cherrytomaten und Mozzarella hineingeben.

2. Hackfleisch in einer Pfanne mit Öl anbraten, mit Salz und Pfeffer würzen, beiseitestellen.

3. Zwiebelhälften und Knoblauchzehe in den Mixtopf geben, ***5 Sekunden | Stufe 5*** zerkleinern. Mit dem Spatel alles vom Rand nach unten schieben.

4. Öl und Tomatenmark hinzugeben, ***2 Minuten | 120°C | Stufe 1*** dünsten.

5. Wasser, Gemüsebrühpulver, Basilikum, Oregano, Salz, Pfeffer und passierte Tomaten dazugeben, ***5 Minuten | 100°C | Stufe 1*** kochen.

6. Angebratenes Hackfleisch und Sahne hinzufügen, weitere ***3 Minuten | 100°C | Linkslauf | Stufe 1*** kochen und nochmal abschmecken.

7. Hackfleischsauce über die Nudelmischung geben, alles gut durchmischen, damit die Nudeln mit Sauce umhüllt sind.

8. Crème légère löffelweise über die Nudelmischung geben und mit geriebenem Gouda bestreuen.

9. Im heißen Ofen ca. 30 Minuten backen und mit Petersilie bestreut servieren.

Let's Eat

One-Pot-Nudelauflauf

4 Portionen

60 Minuten

Zutaten:

2 Möhren, in Stücken
1 Zwiebel
1 Knoblauchzehe
25 g Olivenöl
200 g Rinderhackfleisch
500 g passierte Tomaten
80 g Tomatenmark
350 g warmes Wasser
1 TL Gemüsebrühpulver
1 TL Salz
2 Prisen Pfeffer
1/2 TL Zucker
1/2 TL Thymian, getr.
1/2 TL Rosmarin, getr.
1 Handvoll Basilikumblätter
1 TL Oregano, getr.
250 g Mini-Farfalle
100 g ger. Mozzarella
50 g ger. Parmesan

1. Den Backofen auf 180°C Ober-/Unterhitze vorheizen. Eine Auflaufform fetten.

2. Möhren, Zwiebelhälften und Knoblauchzehe in den Mixtopf geben, ***5 Sekunden | Stufe 5*** zerkleinern. Mit dem Spatel alles vom Rand nach unten schieben.

3. Öl hinzugeben, ***3 Minuten | 120°C | Stufe 1*** dünsten.

4. Hackfleisch dazugeben, ***3 Minuten | 100°C | Linkslauf | Sanftrührstufe*** garen.

5. Passierte Tomaten, Tomatenmark, Wasser, Gemüsebrühpulver, Salz, Pfeffer, Zucker, Thymian, Rosmarin, Basilikumblätter und Oregano dazugeben, ***7 Minuten | 100°C | Stufe 1*** aufkochen.

6. Ungekochte Farfalle hinzugeben, mit dem Spatel einmal durchrühren, ***10 Minuten | 100°C | Linkslauf | Sanftrührstufe*** aufkochen und in eine Auflaufform umfüllen.

7. Im heißen Ofen 25 Minuten backen. In den letzten 10 Minuten mit Mozzarella und Parmesan bestreuen und überbacken.

RIGATONI AL FORNO

4–6 Portionen 70 Minuten

Zutaten:

200 g Rinderhackfleisch
350 g Rigatoni
1 Knoblauchzehe
1 Schalotte
20 g Olivenöl
90 g Tomatenmark
200 g Wasser
1 TL Gemüsebrühpulver
200 g Kochsahne, 15 % Fett
1 TL Pizzagewürz
1 TL Salz
1 Prise Cayennepfeffer
30 g kalte Butter
1 EL ger. Parmesan
150 g Kochschinken, in Streifen geschnitten
100 g TK-Erbsen
100 g ger. Mozzarella
100 g ger. Edamer

außerdem:

Öl zum Anbraten

1. Eine Auflaufform fetten.

2. Hackfleisch in einer Pfanne mit Öl krümelig anbraten.

3. Nudeln auf dem Herd nach Packungsangabe bissfest kochen.

4. Knoblauchzehe und Schalottenhälften in den Mixtopf geben, ***5 Sekunden | Stufe 5*** zerkleinern. Mit dem Spatel alles vom Rand nach unten schieben.

5. Olivenöl dazugeben, ***3 Minuten | 120°C | Stufe 1*** andünsten.

6. 30 g Tomatenmark hinzugeben, weitere ***2 Minuten | 120°C | Stufe 1*** dünsten.

7. Wasser, Gemüsebrühpulver, Kochsahne, restliches Tomatenmark, Pizzagewürz, Salz, Cayennepfeffer und angebratenes Hackfleisch dazugeben, ***30 Minuten | 100°C | Stufe 1*** kochen.

8. Den Backofen auf 180°C Ober-/Unterhitze vorheizen.

9. Butter, Parmesan, Schinken und TK-Erbsen hinzugeben, ***2 Minuten | 90°C | Linkslauf | Stufe 1*** unterrühren.

10. Mit abgetropften Nudeln mischen, in die vorbereitete Auflaufform geben.

11. Mit Käse bestreuen und im heißen Ofen ca. 15 Minuten goldbraun überbacken.

LASAGNE MAL ANDERS MIT PARMESAN-PANKO-KRUSTE

4–6 Portionen   60 Minuten

Zutaten:

Bolognese:
1 Zwiebel
3 Knoblauchzehen
1 Möhre, in Stücken
30 g Olivenöl
400 g stückige Dosentomaten
40 g Tomatenmark
1 TL Salz
1 TL Gemüsebrühpulver
1 TL Oregano, getr.
1 TL Zucker
1 Schuss dkl. Balsamico
500 g Rinderhackfleisch
Salz und Pfeffer

Béchamel-Käse-Sauce:
50 g Butter
50 g Mehl
500 g Milch
1/2 TL Salz
2 Prisen Pfeffer
2 Prisen Muskat
100 g ger. Parmesan

außerdem:
500 g grüne Bandnudeln
2 EL ger. Parmesan
1 EL Butter in Flöckchen
1 Handvoll Panko oder Paniermehl
Öl zum Anbraten

1. Den Backofen auf 180°C Umluft vorheizen. Eine Auflaufform fetten.

2. Grüne Bandnudeln in Salzwasser 3 Minuten vorkochen und abschütten.

Bolognese:

3. Zwiebel, Knoblauchzehen und Möhre in den Mixtopf geben, ***5 Sekunden | Stufe 5*** zerkleinern. Mit dem Spatel alles vom Rand nach unten schieben.

4. Öl hinzufügen, ***3 Minuten | 120°C | Stufe 1*** dünsten.

5. Tomaten, Tomatenmark, Salz, Gemüsebrühpulver, Oregano, Zucker und Balsamico dazugeben, ***15 Minuten | 100°C | Stufe 1*** kochen.

6. In der Zwischenzeit das Hackfleisch in der Pfanne mit Öl anbraten. Mit Salz und Pfeffer würzen.

7. Hackfleisch aus der Pfanne hinzugeben, weitere ***2 Minuten | 90°C | Linkslauf | Stufe 1*** erhitzen und unterrühren.

8. Bolognese umfüllen und den Mixtopf spülen.

Béchamel-Käse-Sauce:

9. Butter in den Mixtopf geben, ***3 Minuten | 100°C | Stufe 2*** schmelzen.

10. Mehl hinzufügen, ***2 Minuten | 100°C | Stufe 1*** dünsten.

11. Milch hinzufügen, ***5 Sekunden | Stufe 5*** verrühren, anschließend ***8 Minuten | 100°C | Stufe 2*** aufkochen.

12. Sauce mit Salz, Pfeffer und Muskat abschmecken.

13. Parmesan hinzugeben, ***15 Sekunden | Stufe 3*** unterrühren.

Panko ist japanisches Paniermehl. Es ist deutlich gröber als unser bekanntes Paniermehl. Man bekommt es in gut sortierten Supermärkten und im Asia-Shop.

14. Auf den Boden der Auflaufform eine Schicht Béchamel-Käse-Sauce geben und verstreichen.

15. Ein paar grüne Bandnudeln darauf geben, fortfahren mit etwas Bolognesesauce und wieder etwas Béchamel-Käse-Sauce.

16. So weiter verfahren, bis alles aufgebraucht ist. Abschluss bilden Hackfleischsauce und Béchamel-Käse-Sauce.

17. Mit 2 EL Parmesan bestreuen, Butterflöckchen darauf setzen und Panko darüber streuen.

18. Im heißen Ofen ca. 15 Minuten überbacken, bis der Käse geschmolzen und alles goldbraun ist.

NUDEL-SCHINKEN-AUFLAUF

6 Portionen

40 Minuten

Zutaten:

500 g Nudeln (hier: Penne)
1 Zwiebel
2 Knoblauchzehen
20 g Olivenöl
250 g Kochschinken, in Wf. geschnitten
1 Dose Erbsen, Abtropfgewicht 280 g
140 g Tomatenmark
400 g Kochsahne, 15 % Fett
1 TL Gemüsebrühpulver
1 geh. TL italienische Kräuter, getr.
1/2 TL Salz
1/4 TL Pfeffer
200 g ger. Mozzarella

1. Eine Auflaufform fetten und den Backofen auf 200°C Umluft vorheizen.

2. Die Nudeln nach Packungsangabe auf dem Herd bissfest kochen, abseihen und in die Auflaufform geben.

3. Zwiebelhälften und Knoblauchzehen in den Mixtopf geben, ***5 Sekunden | Stufe 5*** zerkleinern. Mit dem Spatel alles vom Rand nach unten schieben.

4. Öl hinzugeben, ***4 Minuten | 120°C | Stufe 1*** dünsten.

5. Schinkenwürfel dazugeben, weitere ***4 Minuten | 120°C | Linkslauf | Sanftrührstufe*** dünsten.

6. Erbsen, Tomatenmark, Sahne, Gemüsebrühpulver, italienische Kräuter, Salz und Pfeffer hinzugeben, ***5 Minuten | 100°C | Linkslauf | Sanftrührstufe*** kochen.

7. Sauce über die Nudeln in die Form geben, alles mischen und mit geriebenem Mozzarella bestreuen.

8. Im vorgeheizten Ofen ca. 15 Minuten überbacken, bis der Käse goldbraun und zerlaufen ist.

Gnocchi-Auflauf
Seite 46

Cooking
WITH LOVE

Leberkäse-Spinat-Lasagne mit Spiegelei

6 Portionen | 80 Minuten

Zutaten:

Spinat:

1 Zwiebel
1 Knoblauchzehe
20 g Butter
1 EL Mehl
600 g TK-Blattspinat, aufgetaut
50 g Sahne
1/2 TL Basilikum, getr.
1/4 TL Oregano, getr.
Salz und Pfeffer

Béchamelsauce:

50 g Butter
50 g Mehl
500 g Milch
2 TL Gemüsebrühpulver
1/2 TL Salz
2 Prisen Pfeffer
1 Prise Muskat

außerdem:

6 Eier (M)
9 Lasagneplatten, ohne Vorkochen
350 g Leberkäse, ca. 6 dünnere Scheiben
150 g ger. Mozzarella oder Gouda
Butter zum Braten

1. Den Backofen auf 180°C Umluft oder 200°C Ober-/Unterhitze vorheizen. Eine Auflaufform fetten.

Spinat:

2. Zwiebelhälften und Knoblauchzehe in den Mixtopf geben ***5 Sekunden | Stufe 5*** zerkleinern. Mit dem Spatel alles vom Rand nach unten schieben.
3. Butter dazugeben, ***3 Minuten | 120°C | Stufe 1*** dünsten.
4. Mehl hinzufügen, ***1 Minute | 100°C | Stufe 1*** anschwitzen.
5. Ausgedrückten Spinat, Sahne, Basilikum, Oregano, Salz und Pfeffer hinzugeben, ***10 Minuten | 100°C | Linkslauf | Stufe 1*** dünsten und umfüllen. Mixtopf spülen.

Béchamelsauce:

6. Butter in den Mixtopf geben, ***3 Minuten | 100°C | Stufe 1*** schmelzen.
7. Mehl zugeben, ***3 Minuten | 100°C | Stufe 1*** anschwitzen.
8. Milch, Gemüsebrühpulver, Salz, Pfeffer und Muskat dazugeben, ***6 Minuten | 90°C | Stufe 4*** aufkochen.

außerdem:

9. Eier zu Spiegeleiern in der Pfanne mit Butter braten.

Schichten der Lasagne:

10. Auf den Boden der Auflaufform etwas Béchamelsauce verteilen. Ca. 3 Lasagneplatten darauflegen. 1/3 vom Spinat und die Hälfte vom Leberkäse darauf geben und wieder Sauce darauf verteilen.
11. Den Vorgang einmal wiederholen, dabei die Spiegeleier dazwischen legen.
12. Mit Lasagneplatten, Spinat und Sauce abschließen. Den Käse darüber streuen, im heißen Ofen ca. 40 Minuten goldbraun backen.

Million-Dollar-Spaghetti-Auflauf

 4–6 Portionen  60 Minuten

Zutaten:

Spaghetti:
500 g Spaghetti
20 g Butter

Hack-Tomatensauce:
500 g Rinderhackfleisch
1 Zwiebel
20 g Olivenöl
400 g passierte Tomaten
1/2 TL Basilikum, getr.
1/2 TL Oregano, getr.
1 Prise Zucker
1 TL Salz
1/4 TL schwarzer Pfeffer
1 TL dkl. Balsamico

Alfredo-Sauce:
2 Knoblauchzehen
50 g Sahne
1 1/2 TL Salz
1 TL schwarzer Pfeffer
400 g Doppelrahmfrischkäse
100 g saure Sahne
40 g Butter
40 g ger. Parmesan

außerdem:
200 g ger. Mozzarella
Öl zum Anbraten

1. Eine Auflaufform fetten.

2. Spaghetti nach Packungsangabe auf dem Herd bissfest kochen, abgießen, mit heißem Wasser abspülen und die Butter unterrühren. Die Hälfte der Spaghetti in die vorbereitete Auflaufform geben.

Hack-Tomatensauce:

3. Das Hackfleisch in einer Pfanne mit Öl krümelig anbraten.

4. Zwiebelhälften in den Mixtopf geben, ***5 Sekunden | Stufe 5*** zerkleinern. Mit dem Spatel alles vom Rand nach unten schieben.

5. Öl zugeben, ***3 Minuten | 120°C | Stufe 1*** dünsten.

6. Passierte Tomaten, Kräuter, Zucker, Salz, Pfeffer, Balsamico und angebratenes Hackfleisch hinzufügen, ***10 Minuten | 100°C | Linkslauf | Stufe 1*** kochen lassen und umfüllen.

7. Mixtopf spülen.

8. Den Backofen auf 175°C Ober-/Unterhitze vorheizen.

Alfredo-Sauce:

9. Knoblauchzehen in den Mixtopf geben, ***5 Sekunden | Stufe 5*** zerkleinern. Mit dem Spatel alles vom Rand nach unten schieben.

10. Sahne, Salz und Pfeffer dazugeben, ***3 Minuten | 100°C | Stufe 1*** aufkochen.

11. Frischkäse, saure Sahne und Butter hinzufügen, weitere ***5 Minuten | 100°C | Stufe 1*** kochen, anschließend Parmesan dazufügen, ***30 Sekunden | Stufe 2*** unterrühren.

12. Alfredo-Sauce auf den Spaghetti verteilen und restliche Spaghetti darauf geben.

13. Die Hack-Tomatensauce darüber geben und mit Mozzarella bestreuen.

14. Im heißen Ofen für ca. 35 Minuten überbacken, bis der Käse leicht gebräunt und zerlaufen ist.

OFENTORTELLINI

4 Portionen

50 Minuten

Zutaten:
500 g fr. Tortellini, aus der Kühltheke
3 Scheiben Kochschinken
250 g Brokkoli, in Röschen
1 Schalotte
2 Knoblauchzehen
20 g Olivenöl
250 g Milch
150 g Kochsahne, 15 % Fett
100 g Schmand
1 TL Tomatenmark
1/2 TL Gemüsebrühpulver
1 EL helle Sojasauce
1 TL Salz
1 Prise Pfeffer
1 Prise Muskat
1 EL Mehl
1 EL fr. Petersilie, gehackt

außerdem:
150 g ger. Mozzarella
50 g ger. Parmesan

1. Den Backofen auf 200°C Ober-/Unterhitze vorheizen. Eine Auflaufform fetten.

2. Tortellini in die Auflaufform geben.

3. Schinken in Stücken in den Mixtopf geben, ***4 Sekunden | Stufe 4*** zerkleinern und zu den Tortellini geben. Rohe Brokkoliröschen darauf verteilen.

4. Schalottenhälften und Knoblauchzehen in den Mixtopf geben, ***5 Sekunden | Stufe 5*** zerkleinern. Mit dem Spatel alles vom Rand nach unten schieben.

5. Olivenöl dazugeben, ***3 Minuten | 120°C | Stufe 1*** dünsten.

6. Milch, Sahne, Schmand, Tomatenmark, Gemüsebrühpulver, Sojasauce, Salz, Pfeffer, Muskat, Mehl und Petersilie hinzugeben, ***10 Sekunden | Stufe 3*** verrühren, anschließend ***6 Minuten | 100°C | Stufe 2*** aufkochen.

7. Sauce über die Tortellini-Mischung geben und mit Mozzarella und Parmesan bestreuen.

8. Im heißen Ofen ca. 30 Minuten überbacken.

Kartoffel-Kohlrabi-Auflauf

4 Portionen

60 Minuten

Zutaten:

200 g Gouda, in Stücken
1 Zwiebel
25 g Öl
500 g Wasser
1 TL Gemüsebrühpulver
700 g festk. Kartoffeln, in mundgerechten Stücken
700 g Kohlrabi, in mundgerechten Stücken
200 g Kochschinken, in Wf.

Sauce:

20 g weiche Butter
30 g Mehl
400 g Kochsahne, 15 % Fett
100 g Kochsud
1/2 TL Salz
2 Prisen Muskat
15 g Sojasauce
1 geh. TL Gemüsebrühpulver
2 EL Petersilie, gehackt

1. Den Backofen auf 200°C Umluft oder 220°C Ober-/Unterhitze vorheizen. Eine Auflaufform leicht fetten.

2. Gouda in den Mixtopf geben, ***10 Sekunden | Stufe 6*** zerkleinern und umfüllen.

3. Zwiebelhälften in den Mixtopf geben, ***5 Sekunden | Stufe 5*** zerkleinern. Mit dem Spatel alles vom Rand nach unten schieben.

4. Öl hinzufügen, ***3 Minuten | 120°C | Stufe 1*** andünsten.

5. Wasser und Gemüsebrühpulver dazugeben, Kartoffeln in den Gareinsatz einwiegen. Gareinsatz mit den Kartoffeln einsetzen und den Mixtopf verschließen.

6. Kohlrabi in den Varoma-Behälter einwiegen und auf den Mixtopf aufsetzen, ***28 Minuten | Varoma | Stufe 1*** garen.

7. Varoma-Behälter abnehmen, Mixtopf leeren und vom Kochsud 100 ml auffangen.

8. Kartoffeln, Kohlrabi und Schinken in die vorbereitete Auflaufform geben.

Sauce:

9. Butter in den Mixtopf geben, ***45 Sekunden | 100°C | Stufe 1*** schmelzen.

10. Mehl hinzufügen, ***2 Minuten | 100°C | Stufe 1*** anschwitzen.

11. Sahne, Kochsud, Salz, Muskat, Sojasauce, Gemüsebrühpulver und Petersilie dazufügen, ***3 Sekunden | Stufe 5*** verrühren, dann ***6 Minuten | 100°C | Stufe 1*** aufkochen.

12. Sauce über den Kohlrabi-Kartoffel-Mix geben, mit dem geriebenen Käse bestreuen und im Ofen ca. 15 Minuten überbacken.

Ofenfrittata mit Tomaten, Spinat und Ricotta

4 Portionen

60 Minuten

Zutaten:

1000 g warmes Wasser
500 g Kartoffeln
1 Schalotte
20 g Öl
100 g Baby-Blattspinat
1 Handvoll Basilikum
50 g Cheddar
6 Eier (M)
60 g Milch oder Sahne
1 TL Tomatenmark
Salz und Pfeffer
Muskat, gem.
8 Cherrytomaten
100 g Ricotta
1 EL Pinienkerne

außerdem:

1 kl. Handvoll Basilikum-blätter zum Garnieren

1. Den Backofen auf 200°C Ober-/Unterhitze vorheizen. Eine Auflaufform (ca. 20 x 30 cm) fetten.

2. Wasser in den Mixtopf füllen, Kartoffeln mit Schale in den Varoma-Behälter einwiegen, ***30 Minuten | Varoma | Stufe 1*** garen.

3. Kartoffeln abkühlen lassen und pellen, in mundgerechte Stücke schneiden und in die vorbereitete Auflaufform geben.

4. Schalottenhälften in den Mixtopf geben, ***5 Sekunden | Stufe 5*** zerkleinern. Mit dem Spatel alles vom Rand nach unten schieben.

5. Öl, Spinat und Basilikum dazugeben, ***4 Minuten | 120°C | Stufe 2*** dünsten, über die Kartoffeln in die Auflaufform geben.

6. Cheddar in den Mixtopf geben, ***5 Sekunden | Stufe 6*** zerkleinern.

7. Eier, Milch und Tomatenmark hinzufügen, ***15 Sekunden | Stufe 5*** mixen, mit Salz, Pfeffer und Muskat kräftig abschmecken und über das Gemüse in die Auflaufform geben.

8. Cherrytomaten halbieren und ebenso auf der Kartof-felmischung verteilen.

9. Ricotta in Klecksen darauf-setzen und mit Pinienkernen bestreuen.

10. Im heißen Ofen ca. 20 Minuten backen.

11. Mit Basilikum bestreut servieren.

Süßkartoffel-Auflauf

4–6 Portionen

60 Minuten

Zutaten:

600 g Süßkartoffeln
250 g Champignons, braun oder weiß
1 kl. Stg. Lauch / Porree
1 kl. Knoblauchzehe
1 EL Olivenöl, ca. 15 g
1 EL Butter, ca. 20 g
200 g Wasser
1 TL Gemüsebrühpulver
400 g Crème fraîche
1 TL Salz
1/2 TL Pfeffer
5 Zweige Thymian, fr.
1 TL Speisestärke, in etwas Wasser angerührt
40 g ger. Gouda oder Mozzarella
40 g ger. Parmesan

1. Den Backofen auf 190°C Ober-/Unterhitze vorheizen. Eine Auflaufform fetten.

2. Süßkartoffeln schälen und in ca. 2–3 mm dünne Scheiben schneiden oder hobeln.

3. Champignons putzen, in ca. 1 cm breite Scheiben schneiden, den Lauch putzen und in Ringe schneiden.

4. Knoblauchzehe in den Mixtopf geben, ***5 Sekunden | Stufe 5*** zerkleinern. Alles mit dem Spatel vom Rand nach unten schieben.

5. Olivenöl mit Butter in den Mixtopf geben, ***3 Minuten | 60°C | Stufe 1*** schmelzen.

6. Champignons zugeben, ***4 Minuten | 120°C | Linkslauf | Stufe 1*** ohne Messbecher dünsten.

7. Wasser, Gemüsebrühpulver, Crème fraîche, Salz, Pfeffer und Blättchen von den Thymianzweigen und angerührte Speisestärke dazugeben, ***5 Minuten | 100°C | Linkslauf | Stufe 1*** nun mit eingesetztem Messbecher aufkochen.

8. Lauchringe mit dem Spatel unterrühren.

9. Abwechselnd die Süßkartoffelscheiben mit der Pilz-Lauch-Mischung in die Auflaufform schichten.

10. Mit beiden Käsesorten bestreuen und im Ofen ca. 30–40 Minuten überbacken.

Rösti-Auflauf mit Spiegelei

3–4 Portionen

80 Minuten

Zutaten:

180 g Käse nach Wahl (hier zur Hälfte Cheddar und Emmentaler)
800 g festk. Kartoffeln, geschält
1 rote Zwiebel
1 TL Butter
20 g Olivenöl
100 g Schinkenspeckwürfel
200 g Vollmilchjoghurt
30 g Kondensmilch
2 EL Dijon-Senf
1/2 TL Salz
1 gute Prise Pfeffer
1/4 TL Cayennepfeffer
1/2 TL Paprikapulver, edelsüß

außerdem:

4 Eier (M)
1 EL fr. Schnittlauchröllchen

1. Den Backofen auf 200°C Ober-/Unterhitze vorheizen. Eine Auflaufform fetten.

2. Käse in den Mixtopf geben, ***10 Sekunden | Stufe 6*** zerkleinern und umfüllen.

3. Mixtopf säubern.

4. Geschälte Kartoffeln in den Mixtopf geben, ***5 Sekunden | Stufe 5*** zerkleinern, in ein Sieb umfüllen und abtropfen lassen, anschließend ausdrücken und in eine Schüssel geben

5. Zwiebelhälften in den Mixtopf geben, ***5 Sekunden | Stufe 5*** zerkleinern. Mit dem Spatel alles vom Rand nach unten schieben.

6. Butter, Olivenöl und Schinkenspeckwürfel dazugeben. ***4 Minuten | 120°C | Linkslauf | Stufe 1*** dünsten.

7. Joghurt, Kondensmilch, Senf, zerkleinerten Käse, Salz, Pfeffer, Cayennepfeffer und Paprika in den Mixtopf hinzufügen, ***15 Sekunden | Linkslauf | Stufe 3*** mischen und zu den Kartoffeln in die Schüssel geben, alles gut mischen und in die vorbereitete Auflaufform geben.

8. Im heißen Ofen ca. 50 Minuten backen.

9. Auflaufform aus dem Ofen nehmen und mit einem Löffelrücken 4 Kuhlen in den Kartoffelmix drücken und jeweils vorsichtig ein Ei aufschlagen und hineingeben, für weitere ca. 5 Minuten backen, bis das Eiweiß gestockt ist.

10. Rösti-Auflauf mit Schnittlauchröllchen bestreut servieren.

Gnocchi-Auflauf

4 Portionen

50 Minuten

Zutaten:
1 Zwiebel
2 Knoblauchzehen
20 g Öl
300 g Champignons, geputzt, in Scheiben geschnitten
200 g Kochschinken, gewürfelt
200 g Cocktailtomaten, halbiert
20 g getr. Tomaten, klein geschnitten
70 g Tomatenmark
400 g Sahne
1 EL italienische Kräuter
1 EL Mehl
1000 g fr. Gnocchi aus der Kühltheke
150 g Mozzarella, zerzupft
200 g ger. Mozzarella oder Gouda

außerdem:
Öl zum Anbraten

1. Den Backofen auf 180°C Umluft oder 200°C Ober-/Unterhitze vorheizen. Eine Auflaufform fetten.

2. Zwiebelhälften und Knoblauchzehen in den Mixtopf geben, ***5 Sekunden | Stufe 5*** zerkleinern. Mit dem Spatel alles vom Rand nach unten schieben.

3. Öl dazugeben, ***3 Minuten | 120°C | Stufe 1*** dünsten.

4. In dieser Zeit Champignons und Schinken in der Pfanne mit etwas Öl anbraten. Cocktailtomaten und getrocknete Tomaten zum Schluss hinzugeben.

5. Wer keine Röstaromen braucht, gibt Champignons, Schinken und Tomaten zu der angedünsteten Zwiebel und dem Knoblauch hinzu und dünstet alles nochmal ***3 Minuten | 120°C | Linkslauf | Stufe 1*** an.

6. Wer Champignons, Schinken, Cocktailtomaten und getrocknete Tomaten in der Pfanne angebraten hat, gibt sie nun in den Mixtopf dazu. Tomatenmark hinzufügen, weitere ***2 Minuten | 120°C | Linkslauf | Stufe 1*** dünsten.

7. Sahne, italienische Kräuter und Mehl hinzufügen, ***5 Minuten | 90°C | Linkslauf | Stufe 1*** aufkochen.

8. Gnocchi in der Zwischenzeit auf dem Herd nach Packungsangabe ca. 1 Minute aufkochen lassen, abtropfen und in die vorbereitete Auflaufform geben.

9. Sahnesauce darüber geben, Mozzarella zerzupfen und darauf geben, ebenso den geriebenen Käse darüber streuen und im heißen Ofen ca. 25 Minuten überbacken.

Anstatt 400 g Sahne könnt
Ihr auch die Hälfte durch
Milch ersetzen.
Tipp

HACK-PFANNKUCHEN ÜBERBACKEN

 5 Portionen 60 Minuten

Zutaten:

Teig:
200 g Weizenmehl, Type 405
375 g Milch
1/2 TL Backpulver
3 Eier (M)
1 Prise Salz

Füllung:
500 g Rinderhackfleisch
1 Schalotte
1 Knoblauchzehe
20 g Olivenöl
200 g Dosentomaten
50 g Tomatenmark
1 TL Gemüsebrühpulver
1 Prise Chilipulver
1 TL Kräuter der Provence
Salz und Pfeffer
50 g Schmand
1 kl. Dose Mais,
Abtropfgewicht 140 g

Sauce:
20 g Butter
20 g Mehl
250 g Milch
1/4 TL Salz
1 gute Prise Pfeffer

außerdem:
Öl zum Anbraten
100 g ger. Mozzarella
Petersilie, gehackt

Teig:

1. Mehl, Milch, Backpulver, Eier und Salz in den Mixtopf geben, ***30 Sekunden | Stufe 3*** verrühren, umfüllen und 10 Minuten quellen lassen.

2. Den Backofen auf 180°C Umluft vorheizen. Eine Auflaufform fetten.

Füllung:

3. Das Hackfleisch in einer Pfanne mit Öl krümelig anbraten und beiseitestellen.

4. Schalottenhälften und Knoblauchzehe in den sauberen Mixtopf geben ***5 Sekunden | Stufe 5*** zerkleinern. Mit dem Spatel alles vom Rand nach unten schieben.

5. Öl dazugeben, ***3 Minuten | 120°C | Stufe 1*** dünsten.

6. Dosentomaten, Tomatenmark, Gemüsebrühpulver, Chilipulver und Kräuter der Provence hinzufügen, ***10 Sekunden | Stufe 4*** mischen.

7. Angebratenes Hackfleisch dazugeben, ***5 Minuten | 100°C | Linkslauf | Stufe 1*** kochen, anschließend mit Salz und Pfeffer abschmecken.

8. Schmand und Mais dazugeben, ***10 Sekunden | Linkslauf | Stufe 2,5*** unterrühren, umfüllen und Mixtopf spülen.

9. In einer Pfanne aus dem Teig nacheinander 5 Pfannkuchen backen.

10. Hackmasse auf den Pfannkuchen verteilen (ca. 3 EL pro Pfannkuchen), aufrollen und in die vorbereitete Auflaufform legen. Die übrige Hackmasse kommt nachher noch on top.

Sauce:

11. Butter in den Mixtopf geben, ***3 Minuten | 100°C | Stufe 1*** schmelzen.

12. Mehl dazugeben, ***3 Minuten | 100°C | Stufe 1*** anschwitzen.

13. Milch, Salz und Pfeffer hinzufügen, ***6 Minuten | 90°C | Stufe 4*** aufkochen.

14. Sauce über die Pfannkuchen geben, darauf die restliche Hackmasse. Mit Käse bestreuen und im heißen Backofen ca. 15 Minuten überbacken.

15. Hack-Pfannkuchen mit Petersilie bestreut servieren.

HACKBÄLLCHEN-SPINAT-AUFLAUF

4 Portionen

60 Minuten

Zutaten:
120 g Baby-Blattspinat
2 Zwiebeln
600 g Rinderhackfleisch
1 gestr. TL Salz
1/2 TL Pfeffer
1 TL Paprikapulver, edelsüß
1 Knoblauchzehe
20 g Olivenöl
800 g stückige Dosentomaten
50 g Tomatenmark
je 1/4 TL Rosmarin, Basilikum, Thymian und Oregano, getr.
1 TL Zucker
1 EL dkl. Balsamico
1/2 TL Gemüsebrühpulver
100 g Kochsahne, 15 % Fett
100 g ger. Gouda

außerdem:
Öl zum Anbraten

1. Den Backofen auf 200°C Ober-/Unterhitze vorheizen. Eine Auflaufform fetten.

2. Den Blattspinat waschen und harte Stiele entfernen.

3. Zwiebelhälften von einer Zwiebel in den Mixtopf geben, ***5 Sekunden | Stufe 5*** zerkleinern. Mit dem Spatel alles vom Rand nach unten schieben.

4. Hackfleisch, Salz, Pfeffer und Paprika zugeben, ***1 Minute | Teigstufe*** kneten.

5. Aus der Masse ca. 12 kleine Bällchen formen und in einer Pfanne mit Öl rundherum braun anbraten, in die vorbereitete Auflaufform setzen.

6. Restliche Zwiebelhälften und Knoblauchzehe in den sauberen Mixtopf geben, ***5 Sekunden | Stufe 5*** zerkleinern. Mit dem Spatel alles vom Rand nach unten schieben.

7. Olivenöl hinzugeben, ***3 Minuten | 120°C | Stufe 1*** dünsten.

8. Stückige Tomaten, Tomatenmark, Kräuter, Zucker, Balsamico, Gemüsebrühpulver und Sahne in den Mixtopf dazugeben, ***15 Minuten | 100°C | Stufe 1*** kochen.

9. Blattspinat dazugeben, ***1 Minute | 100°C | Linkslauf | Stufe 2*** unterrühren.

10. Tomaten-Spinat-Sauce über die Hackbällchen geben, mit Gouda bestreuen und im heißen Ofen ca. 20 Minuten überbacken.

Rosenkohlauflauf mit Hackfleisch

ca. 3 Portionen

60 Minuten

Zutaten:

500 g Rosenkohl
1000 g warmes Wasser
300 g Rinderhackfleisch
Salz und Pfeffer
1 Schalotte
1 Knoblauchzehe
20 g Butter
20 g Mehl
30 g Tomatenmark
400 g Kochsahne, 15 % Fett
100 g aufgefangener Garsud
1/2 TL Salz
2 Prisen Muskat
15 g Sojasauce
1 geh. TL Gemüsebrühpulver
1/4 TL Chiliflocken

außerdem:

200 g ger. Gouda
Öl zum Anbraten

1. Den Backofen auf 180°C Ober-/Unterhitze vorheizen. Eine Auflaufform (ca. 20 x 30 cm) fetten.

2. Den Rosenkohl putzen und in den Varoma-Behälter geben.

3. Wasser in den Mixtopf geben, mit dem Deckel verschließen, den Varoma-Behälter aufsetzen, ca. ***20 Minuten | Varoma | Stufe 1*** garen. Die Zeit kann variieren je nach Größe Eurer Röschen und wie bissfest Ihr sie haben möchtet.

4. In der Zwischenzeit das Hackfleisch in einer Pfanne mit Öl krümelig anbraten, mit Salz und Pfeffer würzen und beiseitestellen.

5. Varoma-Behälter abnehmen, Rosenkohl in die vorbereitete Auflaufform geben. Das angebratene Hackfleisch darüber geben.

6. Mixtopf leeren, dabei 100 ml vom Garsud auffangen.

7. Schalottenhälften und Knoblauchzehe in den Mixtopf geben, ***5 Sekunden | Stufe 5*** zerkleinern. Mit dem Spatel alles vom Rand nach unten schieben.

8. Butter zugeben, ***3 Minuten | 120°C | Stufe 1*** dünsten.

9. Mehl hinzufügen, weitere ***2 Minuten | 100°C | Stufe 1*** anschwitzen.

10. Tomatenmark, Kochsahne, aufgefangenen Garsud, Salz, Muskat, Sojasauce, Gemüsebrühpulver und Chiliflocken zugeben, ***5 Sekunden | Stufe 5*** verrühren, anschließend ***5 Minuten | 100°C | Stufe 1*** aufkochen und über die Rosenkohl-Hackmischung geben.

11. Geriebenen Gouda darüber streuen und im heißen Ofen ca. 20 Minuten überbacken.

UNSERE
GEHEIME ZUTAT
IST IMMER

♥♥♥♥

LIEBE!

Pizza Chicken
Seite 64

Hähnchen-Champignon-Auflauf

4 Portionen   45 Minuten

Zutaten:
4 Hähnchenbrustfilets
Salz und Pfeffer
500 g Champignons, geviertelt

Sauce:
2 Zwiebeln
40 g Butter
40 g Mehl
500 g Wasser
1 TL Gemüsebrühpulver
100 g Sahne
100 g Doppelrahmfrischkäse
1/4 TL Chiliflocken
1 Prise Zucker
1/4 TL Salz

außerdem:
200 g ger. Gouda
2 EL Petersilie, gehackt
etwas Öl zum Anbraten

1. Den Backofen auf 200°C Ober-/Unterhitze vorheizen. Eine Auflaufform fetten.

2. Hähnchenbrustfilets in mundgerechte Stücke schneiden, mit Salz und Pfeffer würzen.

3. Fleisch zusammen mit den Champignons in einer Pfanne mit Öl anbraten und in die vorbereitete Auflaufform geben

Sauce:

4. Zwiebelhälften in den Mixtopf geben, ***5 Sekunden | Stufe 5*** zerkleinern. Mit dem Spatel alles vom Rand nach unten schieben.

5. Butter dazugeben, ***3 Minuten | 120°C | Stufe 1*** dünsten.

6. Mehl hinzugeben, ***3 Minuten | 100°C | Stufe 1*** anschwitzen.

7. Wasser, Gemüsebrühpulver, Sahne, Frischkäse, Chiliflocken, Zucker und Salz dazugeben, ***5 Sekunden | Stufe 4*** verrühren, anschließend ***6 Minuten | 90°C | Stufe 4*** kochen.

8. Sauce über das Fleisch in die Auflaufform geben und alles gut mischen.

9. Mit Käse bestreuen und ca. 20 Minuten goldbraun überbacken.

10. Auflauf mit Petersilie bestreut servieren.

HOT-DOG-AUFLAUF

 8 Portionen  4 Stunden

Zutaten:

Teig:

500 g Weizenmehl, Type 550 + etwas zum Bemehlen
200 g Milch, lauwarm
3 EL Zucker
1 geh. TL Salz
1/2 Würfel fr. Hefe, zerbröselt
100 g Sahne
1 Ei (M)

Füllung:

8 Hot-Dog-Würstchen
8 Bacon-Scheiben
230 g Ketchup
1 TL Worcestersauce
1/4 TL Chiliflocken
1/2 TL Zwiebelpulver
1/2 TL Knoblauchpulver
eingelegte Gurkenscheiben
Röstzwiebeln
1 kl. Dose Mais, Abtropfgewicht 285 g

außerdem:

Öl zum Anbraten
200 g ger. Käse, Gouda oder Cheddar
Petersilie, gehackt

Teig:

1. Alle Zutaten für den Teig in den Mixtopf geben, *3 Minuten | Teigstufe* kneten, umfüllen und mindestens 2 Stunden abgedeckt gehen lassen.

2. Den feuchten Teig auf eine bemehlte Arbeitsfläche geben, in 8 gleichgroße Portionen teilen, leicht mit Mehl bestäuben und längliche Brötchen formen, wie zu einer Wurst aufrollen. Abgedeckt eine weitere Stunde gehen lassen.

3. Etwa 20 Minuten vor der Backzeit den Backofen auf 200°C Ober-/Unterhitze vorheizen und die Hot-Dog-Brötchen im unteren Drittel ca. 20 Minuten goldbraun backen.

4. Auf einem Kuchengitter mit einem sauberen Küchentuch abgedeckt abkühlen lassen.

Füllung:

5. Hot-Dog-Würstchen mit Bacon umwickeln und in einer Pfanne mit Öl unter Wenden ca. 3 Minuten anbraten.

6. Den Backofen wieder auf 200°C Ober-/Unterhitze vorheizen. Eine Auflaufform leicht fetten.

7. Ketchup in einer kleinen Schüssel mit Worcestersauce, Chiliflocken, Zwiebel- und Knoblauchpulver mischen.

8. Hot-Dog-Brötchen längs einschneiden und nach oben mit der Öffnung in die vorbereitete Auflaufform setzen.

9. Je mit 1 Wurst, Gurkenscheiben, Röstzwiebeln und Mais füllen. Ketchup-Mix auf der Füllung verteilen und mit geriebenem Käse bestreuen.

10. Im heißen Ofen ca. 15 Minuten überbacken.

11. Hot Dogs mit Petersilie bestreut servieren.

NACHO-AUFLAUF

4 Portionen

60 Minuten

Zutaten:
500 g Rinderhackfleisch
Salz und Pfeffer
2 rote Zwiebeln
2 Knoblauchzehen
1 rote Chilischote, entkernt
25 g Olivenöl
50 g Tomatenmark
700 g stückige Dosentomaten
1 TL Gemüsebrühpulver
1 Prise Kreuzkümmel
1 TL Salz
1 Prise Pfeffer
1 Dose Mais, Abtropfgewicht ca. 285 g
1 Dose Kidneybohnen, Abtropfgewicht ca. 255 g
200 g Tortilla-Chips bzw. Nachos, z.B. selbst gemacht, s. S. 63
100 g ger. Gouda

außerdem:
Öl zum Anbraten

1. Den Backofen auf 200°C Ober-/Unterhitze vorheizen. Eine Auflaufform fetten.

2. Das Öl in einer großen Pfanne erhitzen, das Hackfleisch dazugeben, mit Salz und Pfeffer würzen und krümelig braten.

3. Zwiebelhälften, Knoblauchzehen und Chilischote in den Mixtopf geben, ***5 Sekunden | Stufe 5*** zerkleinern. Mit dem Spatel alles vom Rand runterschieben.

4. Olivenöl hinzugeben, ***3 Minuten | 120°C | Stufe 1*** dünsten.

5. Tomatenmark hinzufügen, weitere ***2 Minuten | 120°C | Stufe 1*** dünsten.

6. Dosentomaten, Gemüsebrühpulver, Kreuzkümmel, Salz und Pfeffer hinzugeben, ***10 Sekunden | Stufe 4*** verrühren.

Dazu passt ein frischer Kräuter-Dip. Dazu 200 g saure Sahne, mit je 1 EL gehackter Petersilie und Schnittlauch verrühren. Mit Salz und Pfeffer abschmecken.

7. Angebratenes Hackfleisch hinzufügen, ***15 Minuten | 100°C | Linkslauf | Stufe 1*** kochen.

8. Mais und Kidneybohnen dazugeben, weitere ***4 Minuten | 100°C | Linkslauf | Stufe 1*** köcheln lassen.

9. Mixtopfinhalt in die vorbereitete Auflaufform geben. Die Hälfte der Nachos grob zerbröseln, mit dem Käse mischen und darüber streuen.

10. Im heißen Ofen ca. 20 Minuten überbacken.

11. Das fertige Gratin aus dem Ofen nehmen und die restlichen Chips hineinstecken und sofort servieren.

Nachos selbst gemacht

6–8 Portionen

30 Minuten

Zutaten:

150 g Milch

30 g neutrales Öl

100 g Weizenmehl, Type 405

130 g Maismehl

3 EL Cajun-Gewürzmischung, selbst gemacht oder gekauft

1. Den Backofen auf 50°C Ober-/Unterhitze vorheizen. Backbleche mit Backpapier auslegen.

2. Milch und Öl in den Mixtopf geben, ***4 Minuten | 80°C | Stufe 1*** erwärmen.

3. Wenn der Mixtopf auf unter 60°C abgekühlt ist (vorher funktioniert die Teigstufe nicht), Mehl und Cajun-Gewürzmischung zugeben, ***4 Minuten | Teigstufe*** kneten

4. Teig auf eine Arbeitsfläche geben und in 6–8 Portionen teilen. Jede Portion zu einer Kugel formen und zu hauchdünnen Fladen ausrollen.

5. Der Teig sollte hauchdünn sein. Je dünner Teig, desto knuspriger werden die Nachos.

6. Eine beschichtete Pfanne erhitzen und Teigfladen nacheinander darin ausbacken. Bei Bedarf etwas Öl zum Ausbacken verwenden. Fladen mit einem feuchten Tuch bedecken und im Ofen warmhalten, sodass sie weich bleiben.

7. Fladen aus dem Ofen nehmen und den Backofen auf 200°C hochschalten.

8. Die Teigfladen mit Hilfe eines Pizzaschneiders in Dreiecke schneiden und im heißen Ofen ca. 10 Minuten backen, bis sie goldbraun sind.

Ihr könnt natürlich jede beliebige Gewürzmischung verwenden. Da entscheidet der eigene Geschmack.

Pizza Chicken

4 Portionen

50 Minuten

Zutaten:
4 Hähnchenbrustfilets
Salz und Pfeffer
3 Knoblauchzehen
1 kl. getr. Chilischote
20 g Olivenöl
400 g stückige Dosentomaten
1/2 TL Salz
1/4 TL Pfeffer
1 1/2 TL italienische Kräuter, getr.
1 kl. Handvoll Basilikumblätter
200 g Cherrytomaten, halbiert
200 g Mozzarella

außerdem:
Öl zum Anbraten

1. Die Hähnchenbrustfilets trocken tupfen und mit Salz und Pfeffer würzen, in einer Pfanne mit Öl rundherum anbraten und beiseitestellen.

2. Knoblauchzehen und Chilischote in den Mixtopf geben, ***5 Sekunden | Stufe 5*** zerkleinern. Mit dem Spatel alles vom Rand nach unten schieben.

3. Öl zugeben, ***2 Minuten | 120°C | Stufe 1*** dünsten.

4. Stückige Dosentomaten, Salz, Pfeffer, italienische Kräuter und die Hälfte der Basilikumblätter dazugeben, ***15 Minuten | 100°C | Stufe 1*** kochen.

5. Während dieser Zeit den Backofen auf 200°C Ober-/Unterhitze vorheizen.

6. Tomatensauce in eine Auflaufform geben, die Hähnchenbrustfilets daraufsetzen und die halbierten Tomaten rundherum verteilen.

7. Im heißen Ofen ca. 30 Minuten backen. In den letzten 3–4 Minuten den Mozzarella zerzupfen, auf dem Fleisch verteilen und mit zugeschaltetem Grill schmelzen lassen.

8. Pizza Chicken nach Belieben noch mit ein paar frischen Basilikumblättern und Tomaten bestreut servieren.

Rosenkohl-Kassler-Auflauf

4–6 Portionen

60 Minuten

Zutaten:

500 g Rosenkohl
500 g Kartoffeln
1 Zwiebel
20 g Butter
500 g Wasser
1 TL Gemüsebrühpulver
400 g Kassler
40 g Butter
40 g Mehl
100 g Kochsud
100 g Sahne
300 g Milch
1 EL Petersilie, gehackt
1/2 TL Salz
1 Prise Muskat
15 g Sojasauce
200 g ger. Gouda

außerdem:

Öl zum Anbraten

1. Den Backofen auf 180°C Ober-/Unterhitze vorheizen. Eine Auflaufform fetten.

2. Rosenkohl putzen und in den Varoma-Behälter einwiegen.

3. Die Kartoffeln schälen und würfeln, in den Gareinsatz geben.

4. Zwiebelhälften in den Mixtopf geben, ***5 Sekunden | Stufe 5*** zerkleinern. Mit dem Spatel vom Rand nach unten schieben.

5. Butter dazugeben, ***3 Minuten | 120°C | Stufe 1*** dünsten.

6. Wasser und Gemüsebrühpulver in den Mixtopf geben, den Gareinsatz einsetzen, Varoma-Behälter aufsetzen, ***15 Minuten | Varoma | Stufe 1*** garen.

7. In dieser Zeit den Kassler in Würfel schneiden und in einer Pfanne mit Öl anbraten, abtropfen lassen und beiseitestellen.

8. Varoma-Behälter abnehmen, den Gareinsatz mit dem Spatel entnehmen.

9. Kartoffeln, Rosenkohl und Kassler in die vorbereitete Auflaufform füllen.

10. Mixtopf leeren, dabei die Garflüssigkeit auffangen.

11. Butter in den Mixtopf geben, ***1 Minute | 100°C | Stufe 1*** schmelzen.

12. Mehl hinzufügen, ***3 Minuten | 100°C | Stufe 1*** anschwitzen.

13. Kochsud, Sahne, Milch, Petersilie, Salz, Muskat, Sojasauce und 1 EL vom Gouda in den Mixtopf geben, ***5 Sekunden | Stufe 5*** verrühren, dann ***6 Minuten | 100°C | Stufe 1*** aufkochen. Sauce nochmal abschmecken.

14. Sauce über die Rosenkohl–Mischung geben, mit Käse bestreuen und im heißen Ofen ca. 20 Minuten überbacken.

ROULADEN-AUFLAUF

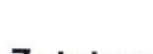 4 Portionen   2 Stunden 40 Minuten

Zutaten:

BBQ-Sauce:

1 Knoblauchzehe
50 g Apfelessig
200 g Apfelsaft
200 g Ketchup
1 EL Sojasauce
1 TL Worcestersauce
45 g Ahornsirup
1–2 TL geräuchertes Paprikapulver
optional 1 EL Whisky
Salz und Pfeffer

Rouladenmischung:

1 Zwiebel
1 Knoblauchzehe
20 g Öl
150 g Schinkenspeckwürfel
100 g Wasser
2 EL Speisestärke
200 g Sahne
100 g Rotwein
50 g Ajvar, pikant
300 g Champignons
1 Paprika, rot
6 Rinderrouladen
Salz und Pfeffer

außerdem:

Petersilie zum Bestreuen

BBQ-Sauce:

1. Knoblauchzehe in den Mixtopf geben und *3 Sekunden | Stufe 5* zerkleinern.

2. Apfelessig, Apfelsaft, Ketchup, Sojasauce, Worcestersauce und Ahornsirup in den Mixtopf geben, *20 Minuten | 100°C | Stufe 1* aufkochen.

3. Geräuchertes Paprikapulver und Whisky dazugeben, *10 Sekunden | Stufe 5* mixen und umfüllen.

4. Mixtopf spülen.

5. Den Backofen auf 200°C Ober-/Unterhitze vorheizen. Eine ofenfeste Form mit Deckel fetten.

Rouladenmischung:

6. Zwiebelhälften und Knoblauchzehe in den Mixtopf geben, *5 Sekunden | Stufe 5* zerkleinern. Die Reste mit dem Spatel vom Rand nach unten schieben.

7. Öl und Schinkenwürfel zugeben, *4 Minuten | 120°C | Stufe 1* andünsten.

8. Wasser mit Speisestärke in einer Schüssel anrühren.

9. Fertiggestellte BBQ-Sauce, Sahne, Rotwein, Ajvar und angerührte Speisestärke zugeben, *10 Minuten | 100°C | Linkslauf | Stufe 1* aufkochen. Mit Salz und Pfeffer abschmecken.

10. Champignons putzen und in Scheiben schneiden, Paprika putzen und in Streifen schneiden.

11. Die Rouladen halbieren oder dritteln, salzen und pfeffern, in die vorbereitete Auflaufform legen.

12. Darauf ein paar Champignons und Paprikastreifen, dann etwas Sauce. Wieder Rouladenscheiben, Champignons, Paprika und Sauce daraufgeben. So weitermachen, bis alles aufgebraucht ist.

13. Rouladen-Auflauf ca. 2 Stunden mit Deckel garen.

14. Vor dem Servieren mit gehackter Petersilie bestreuen.

Dazu passt ganz wunderbar Kartoffelpüree oder auch Nudeln.

Tomaten-Mozzarella-Auflauf

6 Portionen

45 Minuten

Zutaten:

500 g Bandnudeln
800 g Rispentomaten (rot und gelb)
300 g Mini-Mozzarella

Spinat-Pesto:

25 g Pinienkerne
200 g fr. Blattspinat
1 Handvoll Basilikumblätter + zum Garnieren
2 Knoblauchzehen
Saft von 1/2 Zitrone
60 g Olivenöl
40 g ger. Parmesan
Salz und Pfeffer

1. Die Nudeln nach Packungsangabe auf dem Herd bissfest kochen. Den Backofen auf 200°C Ober-/Unterhitze vorheizen, eine Auflaufform fetten.

Spinat-Pesto:

2. In der Zwischenzeit Pinienkerne in einer Pfanne ohne Fett rösten.

3. Spinat, Basilikum, abgekühlte Pinienkerne, Knoblauchzehen, Zitronensaft und Öl in den Mixtopf geben, ***20 Sekunden | Stufe 8*** zerkleinern. Mit dem Spatel alles vom Rand nach unten schieben.

4. Parmesan dazugeben, ***20 Sekunden | Stufe 6*** mischen.

5. Mit Salz und Pfeffer abschmecken.

6. Tomaten waschen und in Scheiben schneiden. Mozzarella in Stücke zerzupfen.

7. Hälfte der Nudeln in die vorbereitete Auflaufform geben. Hälfte der Tomaten und den Mozzarella darübergeben. Hälfte des Pestos darauf verteilen.

8. Restlichen Nudeln daraufgeben, dann die restlichen Tomaten und das Pesto darauf verteilen, im heißen Ofen ca. 20–25 Minuten backen.

9. Mit Basilikumblättern garniert servieren.

TOMATEN-MASCARPONE-NUDELAUFLAUF

4 Portionen 40 Minuten

Zutaten:
500 g Pasta nach Wahl
1 Zwiebel
2 Knoblauchzehen
25 g Olivenöl
250 g Kirschtomaten, halbiert
1 TL Basilikum, getr.
1/2 TL Oregano, getr.
1/4 TL Thymian, getr.
200 g Wasser
1 geh. TL Gemüsebrüh-pulver
1 TL Salz
120 g Mascarpone
250 g ger. Mozzarella

außerdem:
Salz und Pfeffer
Basilikumblätter zum Bestreuen

1. Den Backofen auf 180°C Umluft oder 200°C Ober-/Unterhitze vorheizen.
2. Eine Auflaufform fetten.
3. Nudeln auf dem Herd nach Packungsangabe bissfest kochen, abtropfen lassen und in die vorbereitete Auflaufform geben.
4. Zwiebelhälften und Knoblauchzehen in den Mixtopf geben, ***3 Sekunden | Stufe 5*** zerkleinern. Mit dem Spatel vom Rand nach unten schieben.
5. Öl hinzufügen, ***4 Minuten | 120°C | Stufe 1*** dünsten.
6. Tomaten (ein paar für obendrauf zurückbehalten), Basilikum, Oregano und Thymian zufügen, ***2 Minuten | 120°C | Linkslauf | Stufe 1*** andünsten.
7. Wasser und Gemüsebrühpulver und Salz hinzugeben, weitere ***4 Minuten | 100°C | Linkslauf | Stufe 1*** aufkochen.
8. Mascarpone und die Hälfte Mozzarella dazugeben, ***3 Minuten | 100°C | Linkslauf | Stufe 1*** unterrühren.
9. Sauce mit Salz und Pfeffer abschmecken und über die Nudeln gießen, alles vermengen und mit restlichem Mozzarella und den restlichen Tomaten bestreuen.
10. Im Ofen ca. 10 Minuten goldbraun überbacken, bis der Käse schön geschmolzen ist.
11. Mit frischem Basilikum bestreut servieren.

Puten-Erbsen-Auflauf

4–6 Portionen   45 Minuten

Zutaten:
1000 g Putengulasch
Salz und Pfeffer
1/2 Bd. Petersilie, fr.
1 Zwiebel
25 g Butter
250 g Kochsahne, 15 % Fett
300 g Milch
100 g Doppelrahmfrischkäse
1 TL Gemüsebrühpulver
1/2 TL Salz
1/8 TL Pfeffer
1/2 TL Currypulver, mild
1/2 TL Paprikapulver, edelsüß
10 g Speisestärke
100 g TK-Erbsen
150 g ger. Mozzarella

außerdem:
Öl zum Anbraten

1. Den Backofen auf 200°C Ober-/Unterhitze vorheizen. Eine Auflaufform fetten.

2. Putengulasch in einer Pfanne mit Öl anbraten. Mit Salz und Pfeffer würzen, in die vorbereitete Auflaufform geben.

3. Petersilie in den Mixtopf geben, ***3 Sekunden | Stufe 8*** zerkleinern und umfüllen.

4. Zwiebelhälften in den Mixtopf geben, ***5 Sekunden | Stufe 5*** zerkleinern. Mit dem Spatel alles vom Rand nach unten schieben.

5. Butter hinzugeben, ***3 Minuten | 120°C | Stufe 1*** dünsten.

6. Kochsahne, Milch, Doppelrahmfrischkäse, Gemüsebrühpulver, Salz, Pfeffer, Curry, Paprika und Speisestärke dazugeben, ***10 Sekunden | Stufe 3*** verrühren, anschließend ***5 Minuten | 100°C | Stufe 1*** aufkochen.

7. Erbsen und zerkleinerte Petersilie zugeben, ***1 Minute | 100°C | Linkslauf | Stufe 1*** unterrühren.

8. Die Sauce über das Fleisch in die Auflaufform geben und mit Mozzarella bestreuen.

9. Im heißen Ofen ca. 20 Minuten goldbraun überbacken.

Dazu passen Bandnudeln, Reis oder einfach nur Baguette.

KARTOFFEL-LAUCH-AUFLAUF

4 Portionen

80 Minuten

Zutaten:
ca. 1000 g dünne Lauchstangen
700 g warmes Wasser
400 g mehligkochende Kartoffeln
1 Schalotte
2 Knoblauchzehen
20 g Butter
250 g Sahne
200 g Milch
2 Eier (M)
1/2 TL Salz
1 Prise Pfeffer
1 Prise Muskat
1/2 TL Gemüsebrühpulver
250 g Reblochon-Käse, in Wf. geschnitten

1. Den Backofen auf 180°C Ober-/Unterhitze vorheizen. Eine Auflaufform fetten.

2. Den Lauch putzen, waschen, einmal halbieren und in Größe der Auflaufformbreite zuschneiden.

3. Wasser in den Mixtopf geben, die Lauchstangen in den Varoma-Behälter legen und ***15 Minuten | Varoma | Stufe 1*** vorgaren.

4. In dieser Zeit die Kartoffeln schälen, waschen und in dünne, gleichmäßige Scheiben hobeln.

5. Varoma-Behälter abnehmen und den Lauch gut abtropfen lassen.

6. Mixtopf leeren und trocknen.

7. Schalottenhälften und Knoblauchzehen in den Mixtopf geben, ***5 Sekunden | Stufe 5*** zerkleinern und mit dem Spatel alles vom Rand nach unten schieben.

8. Butter hinzugeben, ***3 Minuten | 120°C | Stufe 1*** dünsten.

9. Sahne, Milch, Eier, Salz, Pfeffer, Muskat und Gemüsebrühpulver dazugeben, ***5 Minuten | 80°C | Stufe 4*** erwärmen.

10. Die Kartoffeln und den Lauch abwechselnd in die vorbereitete Auflaufform schichten, zwischendurch mit den Käsewürfeln bestreuen.

11. Die Sauce über den Kartoffel-Lauch-Mix geben und im heißen Ofen ca. 45 Minuten goldbraun backen.

Tipp

Reblochon ist ein französischer halbfester Schnittkäse aus Savoyen, der aus Kuhmilch hergestellt wird. Er hat einen Fettgehalt von 45 %. Alternativ wäre Chaumes-Käse möglich.

STAUB

Spargel-Kartoffel-Auflauf

4 Portionen

60 Minuten

Zutaten:
600 g Kartoffeln
500 g grüner Spargel
500 g weißer Spargel
500 g warmes Wasser
1 Prise Zucker

Sauce:
20 g weiche Butter
30 g Mehl
400 g Kochsahne, 15 % Fett
100 g Kochsud
1/2 TL Salz
2 Prisen Muskat
15 g Sojasauce
1 geh. TL Gemüsebrühpulver
Salz und Pfeffer

außerdem:
50 g Schinkenspeckwürfel
150 g ger. Gouda
1/2 Bd. Petersilie
2 Tomaten, in Stücken
Salz zum Bestreuen

1. Kartoffeln schälen und in Scheiben hobeln. Vom grünen Spargel die holzigen Enden abschneiden und den weißen Spargel schälen.

2. Wasser in den Mixtopf geben. Gareinsatz einsetzen.

3. Kartoffelscheiben in den Gareinsatz einwiegen und die Spargelstangen in den Varoma-Behälter geben, mit einer Prise Zucker bestreuen, aufsetzen und ***20 Minuten | Varoma | Stufe 2*** vorgaren.

4. Den Backofen auf 180°C Ober-/Unterhitze vorheizen. Eine Auflaufform fetten.

5. Mixtopf leeren, dabei 100 g vom Kochsud auffangen.

6. Kartoffelscheiben in die vorbereitete Auflaufform geben, mit Salz würzen. Spargel auf die Kartoffeln legen.

7. Petersilie in den Mixtopf geben, ***3 Sekunden | Stufe 8*** zerkleinern und umfüllen.

Sauce:

8. Butter in den Mixtopf geben, ***45 Sekunden | 100°C | Stufe 1*** schmelzen.

9. Mehl hinzufügen, ***2 Minuten | 100°C | Stufe 1*** anschwitzen.

10. Sahne, Kochsud, Salz, Muskat, Sojasauce und Gemüsebrühpulver dazugeben, ***3 Sekunden | Stufe 5*** verrühren, dann ***6 Minuten | 100°C | Stufe 1*** aufkochen. Sauce mit Salz und Pfeffer abschmecken.

11. Sauce über den Spargel geben, mit Schinkenwürfeln und Käse bestreuen und im vorgeheizten Ofen 20–25 Minuten backen.

12. Den überbackenen Spargel mit gehackter Petersilie und Tomatenstückchen garniert servieren.

Tipp

Die Garzeit richtet sich nach der Dicke Eurer Kartoffelscheiben und Spargelstangen.

Alphabetisches Verzeichnis

Bologneser Gratin 8
Cannelloni mit Spinat 10
Easy-Peasy-Nudelauflauf 12
Gnocchi-Auflauf 46
Hackbällchen-Spinat-Auflauf 50
Hack-Pfannkuchen Überbacken 48
Hähnchen-Champignon-Auflauf 56
Hot-Dog-Auflauf 58
Italienischer Nudelauflauf 14
Kartoffel-Kohlrabi-Auflauf 38
Kartoffel-Lauch-Auflauf 76
Lasagne Bolognese 18
Lasagne mal anders mit Parmesan-Panko-Kruste 26
Leberkäse-Spinat-Lasagne mit Spiegelei 32
Million-Dollar-Spaghetti-Auflauf 34
Nacho-Auflauf 62
Nachos selbst gemacht 63
Nudel-Schinken-Auflauf 28
Ofen-Makkaroni-Auflauf 20
Ofenfrittata mit Tomaten, Spinat und Ricotta 40
Ofentortellini 36
One-Pot-Nudelauflauf 22
Pizza Chicken 64
Puten-Erbsen-Auflauf 74
Rigatoni al forno 24
Rosenkohlauflauf mit Hackfleisch 52
Rosenkohl-Kassler-Auflauf 66
Rösti-Auflauf mit Spiegelei 44
Rouladen-Auflauf 68
Spargel-Kartoffel-Auflauf 78
Süßkartoffel-Auflauf 42
Tomaten-Mascarpone-Nudelauflauf 72
Tomaten-Mozzarella-Auflauf 70
Tortellini-Auflauf mit Chorizo 16

IMPRESSUM

Math. Lempertz GmbH
Hauptstr. 354
53639 Königswinter
Tel.: 02223-900036
Fax: 02223-900038
info@edition-lempertz.de
www.edition-lempertz.de

Rezepte: Manuela und Joëlle Herzfeld
Rezeptfotos: © Manuela und Joëlle Herzfeld
Titelbild: Manuela und Joëlle Herzfeld
Fotos: Jo Kirchherr, www.jokirchherr.com
Lektorat: Edition Lempertz
Layout/Satz: Yinin Got (Büro Bataakoon)
Gesamtherstellung: Print Consult GmbH, München
Printed and bound in Slovenia

ISBN: 978-3-96058-369-1

NOTIZEN

NOTIZEN

Bereits erschienen

88 Seiten, durchgehend farbig bebildert,
Format: 16,5 x 20 cm, Klappenbroschur
ISBN: 978-3-96058-247-2
€ (D) 12,99 / € (A) 13,40

Manuela und Joëlle Herzfeld

Food with Love
33 himmlische Desserts

Desserts sind Verführung pur und der krönende Abschluss eines jeden Menüs. Seit Manuela und Joëlle Herzfeld 2014 mit ihrem eigenen Blog foodwithlove.de online gingen, haben sie bis heute eine Vielzahl von Rezepten kreiert und liebevoll in Szene gesetzt – darunter auch zahlreiche Desserts, die leicht von der Hand gehen, super kreativ sind und garantiert glücklich machen.

Ob cremig, klassisch, fruchtig oder schokoladig: Manuela und Joëlle Herzfeld haben für jeden Anlass und für jeden Geschmack die passende Nachspeise parat. In dieser Rezeptsammlung finden sich neben ihren 33 Lieblings-Desserts von foodwithlove.de auch viele Tipps und Tricks der beiden erfahrenen Mixerinnen.

Manuela Herzfeld bringt es so auf den Punkt: „Gelingsicher, super einfach und einfach super lecker!"

Bereits erschienen

160 Seiten, durchgehend farbig bebildert,
Format: 21 x 26 cm, Hardcover
ISBN: 978-3-96058-996-9
€ (D) 19,99 / € (A) 20,60

Manuela und Joëlle Herzfeld

Unsere Lieblingsrezepte Vier Hände, zwei Herzen, ein Thermomix®

Die ebenso erfolgreichen wie sympathischen Bloggerinnen Manuela und Joëlle Herzfeld sind bekannt für ihre kreativen und gelingsicheren Rezepte, die Alltagstauglichkeit und Genuss zusammenbringen. Mit diesem Buch kommen ihre Lieblingsrezepte zu Euch.

Von Cinnamon Rolls bis Filettopf findet Ihr Rezepte, die mit Liebe zubereitet wurden. Es gibt noch viel mehr auf foodwithlove.de zu entdecken.

Die Kreationen sind nicht nur ein Highlight für die Geschmacksnerven, sondern auch fürs Auge. Perfekt in Szene gesetzt und von den Autorinnen meisterhaft fotografiert, macht Food with Love Lust auf mehr.

Bereits erschienen

216 Seiten, durchgehend farbig bebildert,
Format: 21 x 26 cm, Hardcover
ISBN: 978-3-96058-246-5
€ (D) 19,99 / € (A) 20,60

Manuela und Joëlle Herzfeld

Soulfood with Love Rezepte zum Glücklichsein mit dem Thermomix®

Ihr Erstlingswerk wurde mit 55.000 verkauften Exemplaren ein Bestseller. Dementsprechend groß war die Vorfreude ihrer Fans auf eine Fortsetzung. Das Warten hat ein Ende: Manuela und Joëlle Herzfeld melden sich mit diesem opulenten Rezeptband zurück und präsentieren 90 neue, kreative und unveröffentlichte Rezepte für den Thermomix®.

Soulfood with Love ist das Thema – echtes Seelenfutter mit viel Leidenschaft und Liebe von den beiden sympathischen Bloggerinnen (foodwithlove.de) zubereitet, wunderschön in Szene gesetzt und fotografiert.

Soulfood with Love – das sind Kalorien in ihrer schönsten Form für unvergessliche und genüssliche Stunden mit der Familie oder Freunden. Essen ist Balsam für die Seele und Liebe geht bekanntlich durch den Magen. Besonders wenn es sich um echtes Soulfood von Manuela und Joëlle handelt.

Bereits erschienen

236 Seiten, durchgehend farbig bebildert,
Format: 21 x 26 cm, Hardcover
ISBN: 978-3-96058-332-5
€ (D) 24,99 / € (A) 25,70

Manuela und Joëlle Herzfeld

Family & Friends Genussvolle Momente mit dem Thermomix®

In ihrem neuen Kochbuch „Family and Friends" zeigen Manuela und Joëlle, wie sehr Essen die Menschen miteinander verbindet: An der gedeckten Tafel wird gemeinsam geredet, gelacht und in Erinnerungen geschwelgt. In diesen Augenblicken, in denen man mit der Familie oder lieben Freunden zusammen genießt, verbindet sich der Geschmack auf der Zunge mit dem Gefühl im Herzen.

„Family and Friends" umfasst über 90 köstliche Rezepte, die Lust darauf machen, sich mit Familie und Freunden am Tisch zu versammeln. Zudem geben Manuela und Joëlle nützliche Tipps und erzählen, was diese Rezepte so besonders macht.

„Family and Friends" ist das Food-Porträt einer Familie, die genauso liebt, wie sie kocht: mit dem ganzen Herzen. Diese wundervollen neuen Rezepte der beiden Erfolgsbloggerinnen wurden somit wieder ganz nach ihrem Motto kreiert: food with love!

JETZT
GRATIS EXEMPLAR SICHERN!

Sichern Sie sich zum Kennenlernen der **MIXX-Zeitschrift** jetzt ein **Gratis-Exemplar** im Wert von 4,90 €!

Jetzt anfordern!

Name

Vorname

Adresse

☐ Ja, schicken Sie mir Ihren kostenlosen E-Mail-Newsletter und halten Sie mich über Neuheiten und Sonderangebote des Heel-Verlags auf dem Laufenden!

E-Mail-Adresse

Der HEEL Verlag erhebt Ihre Daten zum Zweck der Vertragsdurchführung, zur Erfüllung der vertraglichen und vorvertraglichen Pflichten. Die Datenerhebung und Datenverarbeitung ist für die Durchführung des Vertrags erforderlich und beruht auf Artikel 6 Abs. 1 b DSGVO. Zudem verwenden wir Ihre Angaben zur Werbung für eigene und HEEL-verwandte Produkte und falls gewünscht zum Versand des kostenlosen E-Mail-Newsletter. Sie können sich jederzeit vom Newsletter abmelden. Falls Sie keine Werbung mehr auf dieser Grundlage erhalten wollen, können Sie jederzeit widersprechen. Weitere Infos zum Datenschutz: ds.heel-verlag.de

Datum / Unterschrift

Teilnahmebedingungen: Dieser Gutschein für eine MIXX-Zeitschrift ist nur auf postalischem Weg einzulösen. Pro Haushalt ist nur ein Gutschein gültig.

HEEL Verlag GmbH • MIXX-Redakt
Pottscheidt 1 • 53639 Königswin
Tel.: 02223 9230-0 • Fax: 02223 9230-13/26 • www.heel-verlag